DERRIÈRE LES NUAGES

FSC
www.fsc.org
MIXTE
Papier issu
de sources
responsables
Paper from
responsible sources
FSC® C105338

Emma Rémi

Derrière les nuages

Poésie

Édition : BoD · Books on Demand, 31 avenue Saint-Rémy, 57600 Forbach, bod@bod.fr
Impression : Libri Plureos GmbH, Friedensallee 273, 22763 Hamburg (Allemagne)

ISBN : 978-2-3225-6969-4
Dépôt légal : Février 2025

NOTE DE L'AUTRICE

AVERTISSEMENT: Cher.e.s lecteur.rice.s, ce recueil s'adresse à un public averti, en effet, certains poèmes de ce recueil abordent des sujets sensibles et délicats tels que la dépression, les agressions sexuelles ou encore le suicide.

Des années de souffrances. De mal-être. *Incomprise.* C'est ce que je n'ai cessé de me répéter durant toute mon existence.

Quand nos douleurs semblent être insurmontables et que la voie vers la guérison paraît hors d'atteinte, comment (re)trouver son chemin dans la pénombre? Comment extérioriser le mal qui vit en nous, autrement qu'en s'infligeant les pires châtiments ?

Les mots qui peuplent les pages de ce recueil sont des échantillons, des bribes de mes pensées, de mes souffrances, mes peines ainsi que mes victoires, mes joies, mon amour également déposés çà et là. Sur une feuille volante, le coin d'un carnet ou bien encore dans les notes de mon téléphone.

Et puis tandis que la plume noircit le papier, le cœur s'allège de sa noirceur et les mots comme des pansements viennent l'apaiser.

À toi, qui lis mes vers : un rayon de lumière se trouve toujours **derrière les nuages**.

SOMMAIRE

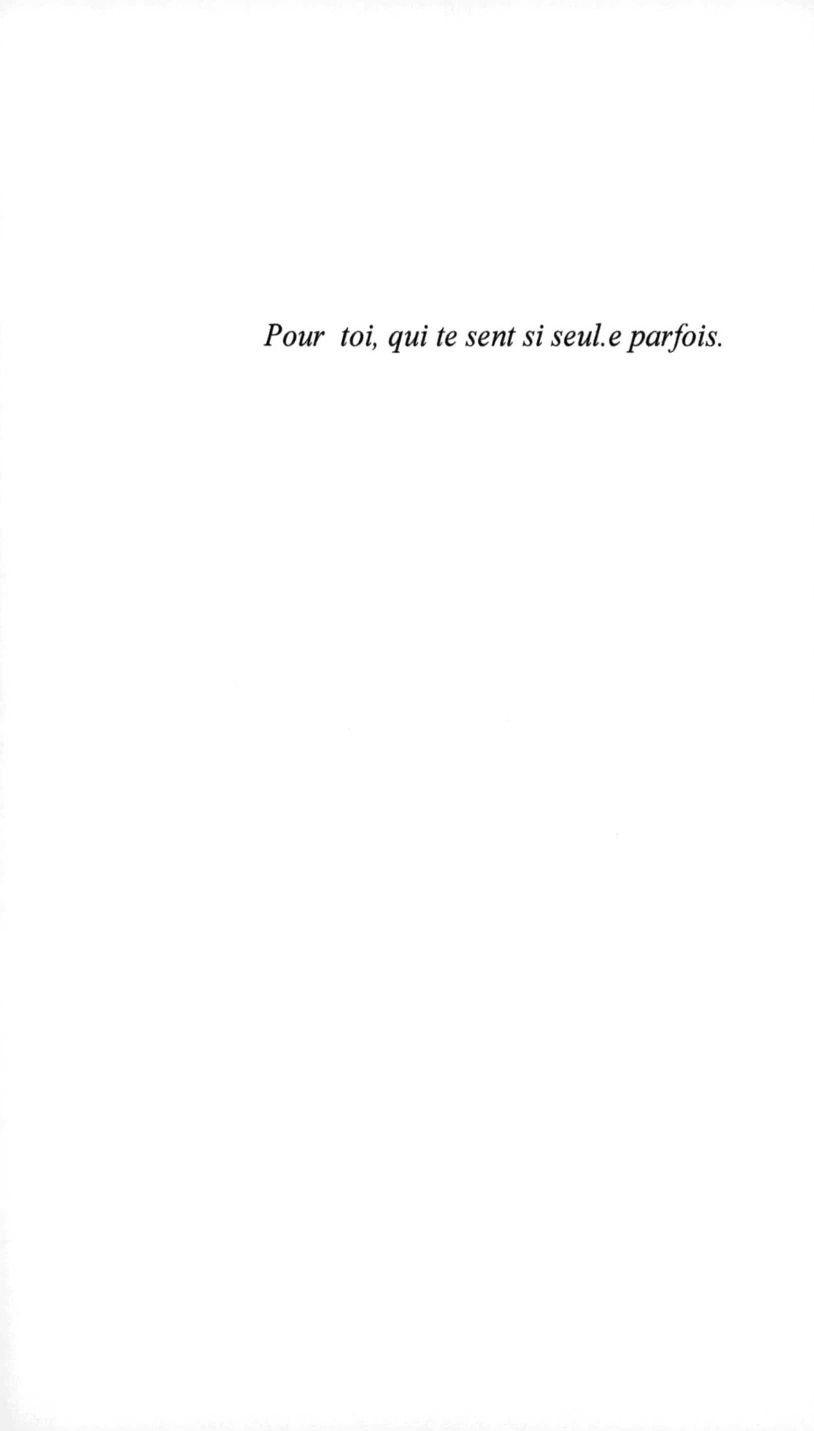

Pour toi, qui te sent si seul.e parfois.

DOULEUR : *Cœur écarlate*

Dans le jardin clos d'une enfance volée,
Une fleur s'éteint, ses pétales brisés.

Le vent a murmuré des secrets trop lourds,
L'innocence s'efface dans un souffle sourd.

Elle grandit en silence, sa peau marquée,
Sous les cendres d'un feu qu'on ne peut allumer.

Mais la terre, lentement, absorbe la douleur,
Et le temps, tisseur patient, redonne ses couleurs.

Les cicatrices deviennent des fleurs d'hiver,
Fleurissant en silence, sous le ciel de fer.
Elle marche, un pas à la fois, vers la mer.

Nuit noire,
Il se fait tard.

La musique hurle,
La fête bat son plein,
Effluves d'alcool,
Odeur de tabac froid.

Petite fille est fatiguée,
Elle aimerait aller se coucher,
Mais une main l'agrippe et elle est tirée,
Amenée ailleurs, hors de la soirée.

Petite fille voudrait crier,
Hurler,
Alerter,
Mais ses lèvres sont comme scellées.

Mais pour le monstre,
Aucun danger.
De cette fatidique soirée,
Petite fille aura tout oublié.

Vagues de tristesse.

Tempête d'idées noires.

Déferlement de douleur.

Naufrage de mon cœur.

La dépression est une bête affreuse.
Colossale, **Noire**, Visqueuse.

Tapie dans l'ombre,
Elle guette, patiente.

Affamée de ton énergie,
De ton amour de la vie.

Elle s'insinue,
S'accroche à chaque pensée,
Aspire tout, pour ne rien laisser.

Juste un désert maussade et froid.

Alors, tu restes là.
Vide. Seule.

Face au silence.

Étouffée par son murmure.

Dans ma tête, les mêmes pensées tournent,
Comme une chanson, une mélodie en boucle.
« Tu n'es pas jolie, ni assez brillante,
Pas assez forte, ta voix est absente. »

Je veux hurler :
Que quelqu'un mette fin à ce refrain !
Mais il n'y a que moi pour briser ce lien…
Comment faire, comment me libérer ?
Peut-être en me rendant plus légère, plus aimée?

Je vais maigrir, ainsi je serai belle,
 Travailler dur, pour que l'intellect s'éveille.
Retenir mes larmes, pour être plus forte,
Donner mon âme, pour ouvrir des portes.

« Alors, dis-moi, est-ce que tu vas mieux ?
Le contrôle rend-il ton avenir plus radieux? … »
Le silence pèse, l'angoisse s'installe,
Tout ceci me bouscule comme une rafale,
Je recherche la lumière dans cette spirale.

Cassures,

Brûlures,

Fêlures,

Tant de marques de souffrance, rappelant combien
est loin l'innocence.

Cassures,

Brûlures,

Fêlures,

Tant de marques de douleur gravées dans la chair
de mon cœur.

Cassures,

Brûlures,

Fêlures,

Tant de signes de la vie qui font écho à la mort et
résonnent si fort.

Vouloir s'en sortir.

Mais avoir la fâcheuse impression que la vie est contre soi.

Le cœur écorché,

Je n'arrête pas de saigner.

Peut-être est-ce cela ma destinée ?

Pourtant, je voudrais me soigner,

J'essaie, j'essaie, j'essaie.

Douleur sur douleur,

J'ai le cœur qui se meurt.

Dis-moi à quelle heure,

Me libérera-t'-on de cette douleur ?

Mon âme se nourrit de ténèbres.

Mon cœur est rempli de noirceurs.

Alors, j'écris pour les chasser.

L'encre noire glisse, sur les lignes comme l'eau
d'un torrent.

Déjà une page blanche remplie de pensées noires.

Coquille vide.

Pourtant, les larmes coulent seules.

Quand il y a des larmes, il reste de la vie

RECONSTRUCTION : *Chemin sinueux*

Deux billes sombres et mystérieuses.

Elles renferment des secrets.

Des mots inavoués.

Des douleurs bien cachées.

Deux perles noires et brillantes.

Douces mais profondes à la fois.

Elles crient la souffrance.

Elles hurlent le désespoir.

Elles gémissent que tout est noir.

Deux joyaux de jais,

tourmentées mais délicats.

 Ils renferment bien au fond.

Une histoire difficile.

 Un passé troublé.

Un cœur abîmé.

Mais surtout ce qu'ils révèlent, ces petits yeux délicats.

C'est la force.

Le courage.

De poursuivre malgré les orages.

Sur ce pont où j'ai flirté avec la mort, j'ai rencontré la vie à nouveau.

Garde espoir

Pulsions **noires,**

Qui grattent ta boîte crânienne,

Tels des **démons** crochus,

Qui veulent te faire sombrer.

Ferme les yeux et respire.

De l'autre côté de l'**enfer,**

Je te le promets, se trouve un monde différent,

Un **paradis blanc terrestre.**

Auquel tu appartiens,

Car les **anges** comme toi,

Ne volent pas en **enfer.**

Les mots jaillissent du fond de ton cœur sans
s'arrêter,

Déversant sur le papier,

Des milliers de pensées embrouillées.

Tandis que coulent des larmes salées,

Au creux de ton oreiller.

Douce Beauté,

Ça va aller,

Après la tornade qui a tout emporté,

Je te promets,

Viendra la paix.

La tristesse et la douleur dans ton regard de jais me
transpercent,

La façon dont tu mords tes lèvres quand tu
voudrais pleurer mais que tu n'y parviens
pas me bouleverse.

Je me sens si vulnérable à tes côtés,

Car j'ai le sentiment de ne pas savoir t'aider,

De ne jamais faire assez.

Pourtant ce que je désire le plus,

c'est te sentir enfin apaisée,

Voir tes magnifiques yeux briller.

Retrouver leur lueurs oubliées,

Volées par les fantômes de ton passé.

Mais mon amour sais-tu que les fantômes ne vont
pas toujours exister ?

Ils retourneront en poussière quand toi,

Beauté,

Tu auras choisi d'**EXISTER** pour de vrai.

Le passé t'a brisé.

J'en suis si désolé.

Maintenant, il te faut tout recommencer.

Mais tout n'est pas fatalité,

tel un bouquet de fleurs fanées.

Il faut continuer d'avancer malgré les sentiers
torturés.

Les douleurs vont finir par s'en aller.

Tu es en sécurité.

Je te le promets.

La lumière, radieuse et délicate, n'attend que toi
Tandis que ton cœur, torturé par Hadès et ses
enfers, n'attend qu'elle.

Semblable à deux amants maudits des dieux.

Accepte.

Accepte la lumière.

Laisse en ton sein, naître le parfait mélange,

Un puissant élixir.

Composé à demi de ténèbres froides et dures et à
demi de lumière douce et forte.

Vague à l'âme

Le regard dans le vague,

Tu sembles te perdre au large,

Dans une mer déchaînée,

Un océan tourmenté,

De mauvaises pensées.

Au loin sur le rivage,

De sable argenté et de coquillages dorés ,

Se trouve ta bouée,

Prête à te ramener,

Vers la lumière oubliée qui va te raviver.

Souvenirs retrouvés. Douceur enfantine. Lumière rallumée ?

Esprit apaisé.

Bientôt la paix ?

La résilience est le premier pas vers la guérison

Prends une poignée de graines.

Creuse un petit trou dans un sol meuble.

Plante-les.

Arrose le sol.

Tous les jours arrose-les et prends-en soin.

Parle-leur.

Chéris-les.

Dis-leur qu'elles deviendront bientôt de
magnifiques fleurs.

Au bout d'un moment,
tu verras comme elles deviendront fortes et belles.

Fais pareil avec toi-même.

Et c'est ainsi qu'au fil des jours,
tu te rapprocheras de la guérison.

*C'est à toi de planter les premières fleurs de ton
bonheur.*

Fleur de soleil.

Petite graine,

Contre la pluie,

Contre les orages,

Contre les ravages

Au milieu de la tempête,

Elle a survécu.

Elle a germé.

Elle a poussé.

Au milieu des gouttes de pluie,

Elle s'est épanouie.

Elle s'est embellie.

Elle a grandi.

Bercée par les rayons du soleil,

Un magnifique tournesol ,

S'est révélé,

Tout de jaune vêtu,

La tête levée vers le soleil.

Tandis qu'elle était aux portes des enfers,

Elle aperçut de la lumière,

Émergeant entre deux nuages.

Un arc-en-ciel se cache toujours derrière les
nuages.

Attends le tien.

AMOUR : *Doux, amère*

Un regard comme une *étincelle*.

Nos cœurs consumés par la flamme brûlent comme
un feu de joie.

D'abord, la fumée n'est qu'amour et passion, elle
enivre et nous fait perdre la raison.

Puis elle se mue en destruction, brûle les yeux et
nous étouffe.

Notre souffle se fait court et l'air irrespirable.
Respirer à deux devient douloureux.

Peut-être que sans moi tu respirerais mieux ?

Perles salées,

Sur le rivage.

Douce brise chaude remuant le sable.

Nos cœurs à l'unisson,

Portés par le courant.

Nos sentiments sur les vagues s'agitant
tumultueusement,

En prévision du naufrage ?

Comme les vagues,

Ils vont et viennent,

Les maux du cœur et les tourments.

Jadis, je vivais, perdue dans le noir,

Et tu es soudain apparue comme une lueur
d'espoir.

Comme un papillon de lumière,

Voletant jusqu'à l'intérieur de ma triste demeure.
Pour lui offrir un peu de lumière.

Tu as illuminé ma maison mais surtout mon cœur.

Maintenant c'est ton cœur qui se meurt,

Qui a besoin d'une lueur,

Qui a besoin d'une demeure.

Laisse-moi être ta demeure.

Entre, n'aie pas peur.

Je saurais t'éclairer, sans jamais t'aveugler,

Te protéger sans jamais t'étouffer,

T'aimer sans jamais te briser.

Dans mes bras tu es en sécurité.

Tu peux donner un peu de repos à ton cœur,

Le laisser se réchauffer près de ma lueur.

Parce que si les sentiments te font peur,

Je te promets que je saurais y aller en douceur.

*Comme le petit prince et le renard je prendrai le
temps d'apprivoiser ton cœur.*

Un beau jour de janvier,

Je ne pensais pas trouver,

Une pareille beauté.

Je ne pensais pas possible d'aimer de la manière
dont je le fais,

Un amour différent,

Différent de ce que j'ai connu auparavant,

C'est comme une bulle qui fait cesser le temps.

Avec toi, c'est comme dans un roman.

J'ouvre les yeux dans la pénombre. Je me retourne vers ton côté du lit.

Ce dernier est vide.

Je me retourne à nouveau comme pour ignorer ton absence à mes côtés.

Je pense à toi.

Je t'imagine endormie.

Ton doux visage que j'aime tant sur l'oreiller.

Tes cheveux soyeux formant autour de ton visage un halo angélique.

Dans tes bras, tes doudous, pour te protéger des monstres nocturnes.

Je ferme les paupières et je m'imagine auprès de toi.

Ma main caressant doucement tes cheveux et le haut de ton front.

T'observant endormie en souriant.

Te chuchotant doucement « je t'aime » à l'oreille. Tout doucement pour ne pas te réveiller.

« Je t'aime mon ange, que ton sommeil soit doux autant que tu l'es ».

Aimer si fort.

Ne jamais se sentir assez.

Toujours dans l'insécurité.

Aie-confiance en toi. Tu es parfait.e.

On s'est vues.

Seulement deux minutes, mais ça m'a fait
tellement de bien.

Comme si elle était ma douce bouffée d'oxygène

Tandis que je suis en apnée tous les jours.

C'est ça l'amour, en fait.

Vouloir arrêter le temps pour garder au creux de
mon cœur les bons souvenirs et la douceur.

.

Ma douceur,

Ma beauté,

Laisse-moi prendre soin de toi et t'aimer.

Quand, pour toi, cela devient trop difficile de te
porter,

Laisse-moi te bercer,

Dans mes bras, tu es en sécurité.

T'aimer.

Instants volés,

De tendresse à la volée.

S'aimer si fort pour oublier,

Qu'après le vent vient la marée.

Dévastatrice, elle peut tout ravager,

Mais pas l'amour passionné.

La douceur de nos baisers.

Le bonheur des moments passés,

L'une et l'autre à côté.

Parce que je sais,

Que si t'aimer ne peut pas te soigner.

Cela pourra, j'espère, apaiser,

Ton cœur meurtri par le passé,

Et enfin le rendre plus léger.

Douce beauté de feu,

Joliment endormie,

Au creux de son lit.

Mèches rousses éparpillés autour de son visage,
Créant ainsi un parfait paysage.

Un doux sourire enfantin accroché sur son visage,
Les yeux clos masquant son regard volage.

Elle rêve,

En attendant qu'un nouveau jour se lève.

D'amour et de bonheur,

De liberté et de douceur.

Petit ange de lumière,
À la porte des enfers,
Tu pourras me trouver.
Assise sur un nuage,
Dans ta robe préférée.
La main tendue vers toi,
Prête à te guider.
Vers le paradis infini,
Que tu as tant mérité.

Blottie dans mes bras,

Unies sur le rivage.

Bercées par le rythme de nos cœurs.

Nous rêvions en regardant le ciel,

Qui s'allumait d'astres brillants.

Chaque fois où tu ne me donnes pas de réponses,
Dans chacun de tes longs silences,
Je perçois ta souffrance.
Toutes les peines que tu gardes en toi,
Tous les mots que tu ne me dis pas,
Résonnent dans mon cœur dans un grand fracas.

*L'amour, c'est aussi partager un morceau de cœur
et des douleurs.*

J'ai le cœur tout brouillé quand je pense à toi.

Des nuits d'ivresse et de folies,

Au cours desquelles on partagerait le même lit.

Je veux m'envelopper dans ta chair.

Ton corps est la plus belle œuvre d'art qu'il m'ait été donné de voir.

Magnifique.

Gracieuse.

Bouleversante à la fois.

Mon amour,

Tu fais partie de ces femmes.

De ces guerrières.

Dont la force et le courage se lisent dans le regard
et transpercent le cœur.

J'admire tant ton courage.